JULIAN HETZ
Ad Adria

Buch

Oftmals ist es so, dass man bestimmte Orte, sogar mehrere Male im Leben, besucht und bestimmte Eindrücke von bestimmten Sachen hat. Diesmal hat der Autor während seines Aufenthaltes an der italienischen Adria seine Gedanken einfach in Form lyrisch-epischer Ergüsse niedergeschrieben, die irgendwo zwischen Gedicht und Kürzestgeschichte anzusiedeln sind. Es geht um Charaktere, Situationen, scheinbare Erkenntnisse aber vor allem um den Fluss der Gedanken. Den Ort ihrer Entstehung jedenfalls haben alle Gedichte gemein, nämlich Ad Adria...

Autor

Julian Jannis Hetz wurde 1991 in Regensburg geboren und besucht dort derzeit die 11. Klasse eines Gymnasiums. „Ad Adria" ist sein erstes Buch.

Julian J. Hetz

Ad Adria

Gedichte

Bibliografische Information der Deutschen
Nationalbibliothek:
Die Deutsche Nationalbibliothek verzeichnet diese
Publikation in der Deutschen Nationalbibliografie;
detaillierte bibliografische Daten sind im Internet
über http://dnb.d-nb.de abrufbar.

© 2008 Julian J. Hetz
Herstellung und Verlag: Books on Demand GmbH, Norderstedt
ISBN-13: 9783837041217

Für meine Oma,
die manchmal Geschichten aber in meinen Augen doch vor allem
Geschichte geschrieben hat

Instead Introduction

Ich hätte
Auch jeden
X beliebigen
Ort des Geschehens
Wählen können
Doch ist mein
Ausdruck am
Eindrucksvollsten
Wenn ich den
Eindruck Ausdrücklich
Miterlebe
Zur Zeit der
Entstehung
Dieses Buches
War dies Pfingsturlaub
Zweitausendacht
Ad Adria

Terra

Es gibt bei weitem
Bessere Böden
Fruchtbarere
Der bayerische Dungau
Der Gäuboden
Oder das Nildelta
Schönere
Schwarz und Sauber
Im Garten der
Nachbarin daheim
Oder bei der
Hotelanlage
Drei Kilometer
Weiter gut
Gewässert
Hier gibt es
Zigarettenkippen
Abgeworfen
Ausgetreten
Altglassplitter
Staubig
Stumpf
Plastiktüten
Schmierig
Schmutzig
Und das
Vermeintliche
Unkraut weißer Klee
Ist doch himmlisch

Verbotsschild

Standort
Dezentral
Dem Betrachter
Den Rücken
An den Seiten
Eingedellt
In der Mitte
Rostig
Scheinbar mal
Rot-Blau
Weißes Klebeband
Nicht provisorisch
Sondern Endgültig
Freilich das Verbot
Wurde niemals
Aufgehoben aber
Es ist
Nicht verboten
Es zu
Ignorieren

Divieto Ai Cani

Für Hunde
Verboten
Das Heißt
Hunde dürfen
Hier nicht rein
Nur Blindenhunde
Und solche die
Und ich zitiere
In einer Therapie
Eingeschrieben sind
Was für eine
Anmaßung
Deutsche Touristen
Sind weder blind
Noch haben sie
Therapiebedürftige
Hunde hatte Hitler
Nicht auch einen
Schäferhund

Veicoli

Darf man
Fragte der eine
Mit dem Fahrrad
Diese Mole noch
Befahren oder
Umfasst der
Begriff Veicoli
Auch Fahrräder
Der andere
Sah wie zwei alte
Fischer an ihnen
Vorbeifuhren und
Sagte ohne zu
Überlegen ja

Steffi Ti Amo

Dieser Schriftzug
Ziert die Felsen
Alle Zweihundert
Meter die Küste
Entlang und
Ich denke an
Romanzen
Beziehungen
Heimlichtuereien
Verlobungen
Hochzeitsnächte
Beim Lesen von
Ciao Steffi
Stolpere ich
Im ebenen Sand

Disco

Einmal wummert es
Von gar nicht weit her
Nur durch eine
Düne gedämpft
Was ist da los
Ich sehe nach
Sagt der eine
Und was ist denn nun
Eine Disco ist los
Was meinst du
Fragt der eine
Kommt das Wort
Disco von Latein
Ich lerne
Oder von Griechisch
Etwas Rundes
Wie ein Diskus halt
Sie diskutieren
Sie einigen sich
Auf man lernt
Rundungen kennen

Traum I

Heute habe
Ich geträumt
Auf meinem
Täglichen Weg
Zur Schule
Gab es an einer
Kreuzung einen
Unfall dabei
Wurde ein
Mir Unbekannter
Tödlich verletzt
Geköpft durch ein
Auto wie ich
Später erfuhr
Eine durchaus
Realistisch
Erscheinende
Begebenheit
Doch habe ich
Nur noch weniger
Angst auf
Diesem Weg
Weil dieser Traum
Das sichtbar
Machte was
Wahrscheinlich niemals
Passieren wird

Cappuccio

Ich trinke einen
Cappuccio
Sagte der eine
Es heißt doch
Cappuccino
Sagte der andere
Die Italiener
Sagen aber
Alle Cappuccio
Du bist aber
Kein Italiener

Baumschatten

Ginge man
So denke ich mir
Den ganzen Tag
Um einen
Baum herum
Dann wäre man
Immer zu einer
Anderen Zeit
In seinem Schatten
Das kann man
Sicher genau
Berechnen
Doch wann
Ist man dann
In der Sonne

Krimi

Ich sehe einen
Schmalen Weg
Der durch einen
Dichten Wald aus
Pinien führt
Hin zu einem
Campingplatz
Hier wäre der
Ideale
Schauplatz für
Einen Krimi
Besser noch Thriller
Die Tote im
Pinienwald
Das gefiele
Den Lesern
Wenn es mir
Nur gelänge
Derlei Plots
Über Fünfhundert
Seiten zu
Konstruieren
Müsste das hier
Niemand mehr
Im Glauben
Es sei höchste
Lyrik lesen

Publizieren

Beim Schreiben
Stellt sich mir
Nun die Frage
Will ich letztlich
Veröffentlichen
Weil ich geschrieben
Habe oder
Schreibe ich nur
Um zu
Veröffentlichen
Aufgrund ihrer
Ernüchternden
Wirkung erspare
Ich ihnen und mir
Eine Antwort

Urlauber I

Sie ist blond
Und hochgewachsen
Er geht gegen
Vierzig und
Tendiert zum
Bauchansatz
Beide käsig
Wie das Kind
Das mit einem
Tropenhelm samt
Nackenschutz
Ausgestattet
Wurde bei fünfzehn
Grad in der Sonne

Leuchtturm I

Nena hat ihn schon
Besungen
Sehr Erfolgreich
Darum lass
Ich es lieber

Yachthafen

Ihre Masten
Ragen in den
Himmel wie
Lanzen die
Die Wolken
Als Feinde
Auserkoren
Haben ein
Mikado aus
Statussymbolen
Doch zieht man
Einen Spieß
Aus diesem
Ensemble
Ändert sich nichts

Vögel am Tisch

Diese Dreckspatzen
Spiegeln sie doch
So vortrefflich
Den gemeinen
Itaker wider
Sich einfach von
Den anderen
Durchfüttern lassen
Das Essen der
Anderen
Schmarotzend
Das könnte
Zweiundvierzig
Gewesen sein
Heute gibt
Man sich tierlieb

Securità

Sogar in
Den kleinsten
Italienischen
Lebensmittelläden
Wird jetzt
SICHERHEIT
Groß geschrieben
Überwacht werden
Via Video
Nicht die Kunden
Sondern
Die Finger
Der Kassiererin

Isola

Ich fahre
Auf die Insel
Die eigentlich
Keine ist
Sondern nur
Ein Teil des
Festlandes jenseits
Eines Flusses
Warum also
Dennoch Insel
These
Überquerung
Des Flusses mit
Einem Schiff
Antithese
Falsche Tatsache
Da geografisch
Keine Insel
Vorliegt
Synthese
Wo keine Brücken
Sind da ist
Oder wird man
Insulaner

Bojen

Die eine grün
Die andere rot
Sie sollen die
Schiffe sicher
Aus dem Hafen
Rauslotsen
Was sie auch tun
Aber wehe dir
Ertrinkender
Klammere dich
Nicht an sie
Denn du wirst
Abrutschen
An den Algen
Die die Bauchigen
Gesellen unter
Wasser so zahlreich
Besiedeln

Urlauber II

Vierzig Jahre
Gefristet
Er Angestellter
Sie daheim
Jetzt Bus
Neun Meter lang
Drei Meter breit
Vom letzten Geld
Vom Eingemachten
Bezahlt
Ich begaffe
Die Deutschen
Beim Gaffen
Und die
Italiener
Beim Tuscheln
Er begafft
Mich beim
Begaffen der
Gaffer und
Befindet sich
Endlich im
Gehobenen Dienst

Traum II

Habe geträumt
Dass ich zwei
Weitläufige
Zimmer besessen
Habe und
Wo immer man
Zum Fenster
Hinaussah schien
Die Sonne hell
Schulisch haben sich
Alle Sachen dann
Aber zum Schlechten
Gewendet
Nur noch Sechser
Quasi eine Inversion
Des Pfingstwunders

Später Abend I

Pappeln rauschen jetzt
Unisono
Wie das nahe Meer
Und würde man
Gespräche noch
Fortsetzen so
Schluckte die Nacht
Die Worte
Wie die Schlangen
Die späten Mäuse
Im hohen Gras

Später Abend II

Und noch was
Wenn man dann
Jenen Pappeln
Den Rücken zukehrt
Rauschen sie noch
Undurchdringlicher
Ungestümer
Unheimlicher
Weil dann wird
Der Mörder im
Blattwerk nicht
Enttarnt und seine
Tat vollzieht sich
Wie geplant
Und sind meine
Sinne nun
Allzu erregt
Man bedenke
Es ist jetzt Nacht

Später Abend III

Soll ich wachen
Warten nun bis
Zum nächsten Morgen
Auf dass sich der Tod
Wieder Zurückzieht
Als ein Uhu in ein
Astloch die Helle
Des Tages scheuend
Oder bin ich gar
Der Hysterie
Verfallen
Die die späte Stunde
Mit sich bringt
Lege mich nun
Schlafen ist
Noch immer gut
Gegangen

Wetter

Dieses Wetter
Nicht Fisch nicht Fleisch
Wo ist denn
Dieses alte Schema
Als auf fünf
Sonnige Tage
Ein Regentag folgte
Aber nun hat nichts mehr
Die Oberhand
Bewölkungen
Herrschen vor
Und ich beginne
Diffuses
Zu hassen

La Terrazza

Kein sardischer
Einschlag mehr
Und keine
Persönlichen
Worte der Wirtin
Stattdessen
Einheitsschürzen
Geführt von einem
Mann mit modischem
Spitzbart und
Einsame Kakteen
In Blankgeputzten
Sandgläschen zeugen
Von Purismus
Und Prestige
Die hier nun Absolute
Priorität
Genießen

Traum III

Symmetrisch
Werden mir
Zwei Schneidezähne
Gerissen
Des Weiteren
War ich auf
Der Suche nach
Einer billigen
Tennishalle für
Den Winter
Dabei hat
Der Sommer
Erst begonnen

Leuchtturm II

Nachtrag noch zu eins
Er ist der
Gigant der Nacht
Vertrauenswürdig
Verlässlich
Religionsersatz
Der Maritime
Am Tag scheißen
Die Hunde
Dagegen

Klarheit

Der eindeutige
Regenschauer setzt
Dem Wechselhaften
Ein klares Ende
Die Überreste
Der Haarwäsche
Der Schirmpinien
Krönen Pfützen
Die kleinen Seen
Gleichen und
Das Nasse
Entzündet
Die Duftkerzen
Des Waldes
Ein Mädchen
Ganz in rosa
Durchschreitet
Pfützen und der
Einzige
Bestandteil seines
Repetitoriums
Lautet Acqua

Moderne Technik

Pizzeria
Eine Geburtstags
Gesellschaft
Bestehend aus
Fünfundzwanzig
Jugendlichen
Hundert Dezibel
Ein Handy
Übertönt mit
Einem schrillen
Klingelton
Diesen Pegel
Und eine
Achtzigjährige
Greift routiniert
Zur Handtasche

Alles Außer Azur

Aggressiv
Angriffslustig
Wie ein
Ausgewachsener
Hund der die
Maximen des
Gehorsams noch nicht
Verinnerlicht hat
Schwallartig schwappend
Nimmer endend
Gegen die Felsen
Als müsste
Man einem
Zyklopen nach
Alkoholvergiftung
Den Magen
Auspumpen
Und kurz vor dem
Auftreffen auf die
Kristallinen Steine
Ahnt man Blau
Sekundenbruchteillang

Traum IV

Auf dem Dach
Der Schule
So hoch wie ein Dom
Eine Gruppe
Von Schülern
Bekannte und
Unbekannte
Gesichter
Eine Unbekannte
Beugt sich zu weit
Über die Brüstung
Und fällt in
Die Tiefe
Der Sturz erregt
Kaum Aufmerksamkeit
Und mit einem
Allen Anwesenden
Schöne Ferien
Verlasse ich
Die Szene

Müdigkeit

Gewisse Sachen
Bin ich leid
Und ich nehme
Es von nun an
Grammatikalisch
Da ich mich in
Der Frage der
Angebrachtheit von
Femininum
Oder doch
Maskulinum
Als Neutrum
Geben werde
Weil am
Einfachsten ist
Es das
Prädikat
Des Satzes
Jemand anderen
Hinzufügen
Zu lassen

Tierliebe

Pseudopiraten
Tragen stolz
Papageien auf
Ihren Schultern
Und überrollen
Mit dem Caravan
Im Rückwärtsgang
Beinahe die
Eigene Katze

Kannibalismus

Feststellung
Eidechsen sind
Kannibalistisch
Veranlagt sie
Beißen sich
Gegenseitig
Den Schwanz ab
Und in den
Schuppigen Körper
Des anderen
Die Schlange
Zögert nicht
Lange und
Verschlingt dieses
Knäuel im
Todeskampf

Ansichten

Ein Vogel muss
Bei seinem Flug
Denken es sind
Bunte Punkte in
Geschlossenen
Zustand
Beziehungsweise
Kreise in
Geöffnetem Zustand
Wir wissen es sind
Sonnenschirme

Che Viene Con Il Mare

Was man da
Nicht alles sieht
Erstmal jede
Menge Schilf
In allen
Erdenklichen
Größen und
Zuständen
Der Verwitterung
Krebse mit
Und ohne
Extremitäten
Ein Pfad
Aus Muschelschalen
Reste von
Holzkisten
Für exotische
Früchte bestimmt
In seltenen
Fällen wird
Man auch mit dem
Aufgedunsenen
Innenleben eine
Stachelschweins
Konfrontiert
Bis Touristen
Kommen dann darf da
Bloß noch Strand sein

Urlauber III

Er und sie
Beide kaum
Älter als zwanzig
Ein grüner VW
Emailliert
Von einer Schicht
Rostalgie schiefe
Gitarrentöne
Man spielt noch nicht lang
Man merkt sie
Wollen ein bisschen
Retro sein und
Sind doch so
Zukunftsweisend

Getrocknete Tomaten

Randnotiz
Legt man Tomaten
Eine Woche lang
An die frische
Luft trocknen sie
Nicht sondern
Sie schimmeln

Urlauber IV

Er sie es es
Es und es seien
Die Kinder von
Ihr und ihm
Ausgerüstet mit
Jack Wolfskin
Und bei jeder
Witterung wird
Fahrrad gefahren
Oder gewandert
Wir ziehen das
Auch mit den
Kindern konsequent
Durch und wenn
Ich in der
Sonne Vögel
Füttere dann
Wird dezent
Aber bestimmt
Weggeschaut
Wofür hat man
Denn Vorhänge
Weil Vögel
Füttert man nur
Im Winter

Regen

Regen
Regen
Regen
Regen
Verwegen
Zu sagen
Der Streifen
Am Horizont
Brächte Besserung
Es ist auch nur
Die nächtliche
Beleuchtung von
Ravenna

Vento

Der Klatschmohn
Ist noch mal
Mit einem blauen
Auge davon
Gekommen
Die morsche
Pinie nicht
Brauner Meeresschaum
Wird wild durch
Die Luft gewirbelt
Und ich denke an
Nierenbecken

Traum IV

Abgeordneter
Vom Kultus
Ministerium
Kam in einem
Trainingsanzug
Des Ersten FC
Nürnberg in den
Unterricht um
Zu erzählen wie
Er es früher durch
Ausdauer und
Disziplin zu
Sportlichen
Erfolgen gebracht
Habe und nicht
Selten wird mit
Den Augen gerollt

Trotzdem

Immer noch
Ist das Wetter
Bescheiden
Dennoch braucht
Es etwas das
Bleibt für daheim
Wenn schon keine
Bronzene Haut
Und erst recht
Kein Sonnenbrand
Kein Souvenir
Und kein sonniges
Gemüt dann
Wenigstens
Ein bisschen
Salz auf der Haut
Aus dem
Scheißkalten Meer

Weg

Noch schnell ein
Mittagessen
Neben kalten
Pizzaöfen
Bestehend aus
Diversen
Meeresfrüchten
Gebracht vom
Personal das
Das eigene Essen
Dem Meinen
Wegen stehen
Lassen muss
Schlechtes
Gewissen
Und dann nichts wie weg